GÉNÉALOGIE

DE LA MAISON

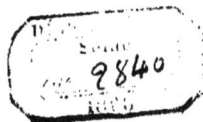

DE FLAVIGNY

(VERMANDOIS ET NORMANDIE)

———— ⚜ ————

PARIS

IMPRIMERIE AUGUSTE VALLÉE

15, RUE BREDA, 15

—

1868

DE FLAVIGNY

SOISSONNAIS, CHAMPAGNE ET NORMANDIE

COMTES DE FLAVIGNY ET DE MONAMPTEUIL, VICOMTES DE RENANSART,

BARONS D'AUBILLY,

SEIGNEURS DE FLAVIGNY, DE RIBAUVILLE, DE CHIGNY, DE RENANSART, D'AUBILLY,

DE SARCY, DE CHAMBRY, D'ESPUISART, DE MALAISE,

DE CHACRISE, DES FOURNEAUX, DE VILLETTE-SUR-ELBEUF,

DE LA CHESNÉE, DE LA MÉSANGÈRE, DU PLESSIS,

DE LA NOBLETIÈRE ET AUTRES LIEUX.

ARMES : *Échiqueté d'argent et d'azur, à un écusson de gueules en abime et une bordure de sable* (1). — COURONNE : *de Comte.* — SUPPORTS : *deux Lions.* — DEVISE : *Non sine labore.*

---

(1) La branche de Normandie porte : *l'Écusson de gueules en abime chargé d'une fleur de lys d'argent.*

ARMI les plus anciennes familles de l'Ile-de-France, il faut compter celle DE FLAVIGNY, dont les cartulaires font mention dès l'année 1089, ainsi qu'il appert des chartes et aultres titres estans en l'abbaye de Foigny, proche Chigny, fief sis près de Reims, dont Messires Regnault et Godefroy DE FLAVIGNY, chevaliers, étaient Seigneurs, et qui a été dotée richement à plusieurs reprises par eux et leurs descendants. (*Texte relaté dans les Lettres patentes accordées en* 1586 à Guillaume DE FLAVIGNY.)

Cette maison, originaire du Laonnais, tire son nom du fief de *Flavigny*, sis près de Guise, dans le Soissonnais, et, par cette raison, les membres de cette maison ont été de temps immémorial les vassaux des puinés de Lorraine, qui étaient Comtes et Seigneurs de Guise.

La maison DE FLAVIGNY, si elle ne s'est pas illustrée d'une manière toute particulière, n'en est pas moins distinguée par les nombreux services militaires que presque tous ses membres ont rendus à l'État, services qui lui ont valu plusieurs Lettres patentes royales, rédigées dans les termes les plus flatteurs. Elle s'est divisée en sept branches principales qui ont produit plusieurs rameaux.

Parmi les familles dans lesquelles elle a pris ses alliances, nous citerons celles : de Canlers, de la Personne, d'Amerval, Le Picart de Sérigny, de la Fitte, de Truffier, de Bérulle, de la Chapelle, de Beuvry, de Champagne, de la Rivière, d'Ervilly, d'Hallencourt, de Thumery, de Cardevacque, de la Bove, de Blois, de Coignet, de Lézines, de Gorgias, de Fay-d'Athies, de Villebois de Mareuil, d'Hédouville, Robert d'Ully, de Ganne, Guyon du Fresne, de Villelongue, Gacherie, Dupleix de Montaigu, de Lussy, de Saint-Gilles, de la Rue, Hayet, Poullain, Grandin de Marconville et de L'Eprevier, de la Boulaye, d'Epineville, Duruflé, Sevaistre, Join-Lambert, Briand, Lanseigne, des Mottes, etc., etc.

FILIATION.

En consultant les différentes généalogies de la maison DE FLAVIGNY, dressées par *Carpentier*, *d'Hozier*, *La Chesnaye des Bois* et autres auteurs héraldiques, nous trouvons que la filiation des diverses branches commence d'une manière authentique à :

I. — Vauthier DE FLAVIGNY, Chevalier, vivant en 1237, qui a épousé *Alix*, dont il laissa :

II. — Vauthier DE FLAVIGNY, IIe du nom, qui mourut en 1302, et avait épousé Isabeau DE CANLERS; de ce mariage :

1° Hugues, dont l'article suit.
2° Jacques DE FLAVIGNY, Chanoine de Saint-Hubert.
3° Nicolas, Évêque de Besançon.

III. — Hugues DE FLAVIGNY, Chevalier, Lieutenant Gouverneur du château d'Oisy (1), épousa noble damoiselle Magdeleine DE PROUVY, qui le fit père de :

1° Étienne, dont l'article suit.
2° Jacquemart, auteur de la branche de *Chigny*, qui viendra plus loin.
3° Vauthier, qui épousa Willelmine DE SAUCHY.

IV. — Étienne DE FLAVIGNY, Chevalier d'honneur du roi Charles VI, ainsi dénommé dans un arrêt du Parlement de Paris du 11 février 1384. Il laissa pour fils :

V. — Émery DE FLAVIGNY, Ier du nom, Chevalier, Seigneur de Ribauville, Gouverneur de la ville de Guise, en 1398, pour Louis de France, Duc d'Anjou, Comte de Guise, Roi de Naples et de Sicile. Il laissa pour fils :

1° Jacquemart, qui suit.
2° Quentin DE FLAVIGNY, Évêque de Besançon en 1440.

---

(1) Petite ville située près de Vervins, dans le département de l'Aisne, sur un petit cours d'eau.

VI. — Jacquemart DE FLAVIGNY, Chevalier, Seigneur de Ribauville, mort en 1447, laissant :

1° Olivier, dont l'article suit.
2° Jacob, qui partagea avec son frère la succcession de son père en.1447.

VII. — Olivier DE FLAVIGNY, Chevalier, eut deux enfants :

1° Claude, qui suit.
2° Péronne DE FLAVIGNY, laquelle a épousé Jean DE CAMBON, Seigneur d'Agnel.

VIII. — Claude DE FLAVIGNY, Chevalier, Seigneur de Ribauville, vivant en 1490, lequel épousa Catherine DE LA PERSONNE, fille de Georges de la Personne, Chevalier, Seigneur de Verloing (1) et d'Isabelle DE RENAN-SART, fille et héritière de Raoul, Vicomte de Renansart; elle avait porté dans la maison de la Personne la Vicomté de Renansart, d'où elle passa à celle de Flavigny. Catherine de la Personne, devenue veuve de Claude de Flavigny, se remaria à Gervais DU FEUILLET, et laissa trois enfants de son premier mariage, savoir :

1° Élion, qui continue la descendance.
2° Claude DE FLAVIGNY.
3° Jacqueline DE FLAVIGNY (tous trois mineurs à la mort de leur père et mis sous la garde noble de Messire-Gervais DU FEUILLET).

IX. — Élion DE FLAVIGNY, Chevalier, Seigneur de Ribauville, Vicomte de Renansart, épousa noble demoiselle Jacqueline DU PUY, dont il eut :

1° Noël, dont l'article suit.
2° Nicolas DE FLAVIGNY, Seigneur de Malery.
3° Noble Charles DE FLAVIGNY, Sieur des Fourneaux (jouxte-Boullenc), lequel vint à la suite de Réné III de Lorraine, Marquis d'Elbeuf. Il est l'auteur de la branche de Normandie rapportée plus loin, page 17.

X. — Noël DE FLAVIGNY, Chevalier, Vicomte de Renansart, Député de la noblesse de la Prévôté de Ribemont aux États de Blois, en 1589, a épousé noble demoiselle Jeanne LEFEBVRE DE MONCEAU, fille de Messire Jean et de Jacqueline DE POIX. De cette alliance sont nés plusieurs enfants, entre autres :

XI. — Jean DE FLAVIGNY, Chevalier, Vicomte de Renansart et de Ribauville, qui épousa demoiselle Antoinette D'AMERVAL, fille d'Antoine,

(1) Voy. *Histoire du Vermandois*, t. III, p. 136.

Seigneur d'Amerval et de Liencourt, et de dame Adrienne DE CAUCHON. De ce mariage vinrent :

1º Claude, dont l'article suit.
2º Antoine DE FLAVIGNY, auteur de la branche *de Monampteuil*, rapportée plus bas.

XII. — Claude DE FLAVIGNY, Chevalier, Vicomte de Ribauville et de Renansart, Baron d'Aubilly, Gentilhomme ordinaire de la chambre du Roi, a été Député de la noblesse de la Prévôté de Ribemont aux États Généraux de l'année 1614. Il avait épousé, en 1600, noble demoiselle Anne LE PICART DE SÉRIGNY, fille de Nicolas Le Picart, Seigneur de Sérigny et de Bagnicourt, Gentilhomme ordinaire de la maison du Roi. Il eut de ce mariage les deux fils ci-après :

1º César-François, qui suit.
2º Jean-Charles DE FLAVIGNY, auteur de la branche *d'Aubilly*, rapportée plus bas

XIII. — César-François DE FLAVIGNY, Seigneur de Ribauville, Vicomte de Renansart et de Cerfontaine, a obtenu le 9 mars 1667 un jugement de maintenue de *noble d'extraction*, de M. Dorieu, intendant de la Généralité de Soissons. Il avait épousé, le 30 mars 1642, demoiselle Suzanne DE VIEL-CASTEL, fille de Jean de Viel-Castel, Marquis de Montalant, premier Capitaine-Lieutenant des Mousquetaires, Lieutenant Général des Armées du Roi, Gouverneur de la province du Barrois, et de dame Suzanne DE BELY, d'où est issu :

XIV. — Anne Claude DE FLAVIGNY, Chevalier, Seigneur de Ribauville, Vicomte de Renansart, Baron d'Aubilly, lequel fit enregistrer ses armoiries à l'armorial général dressé par édit du Roi, en date du 20 novembre 1696. (*Bibliothèque Impériale. Section des Manuscrits, registre* 32, *folio* 115.) Il épousa noble demoiselle Anne DE LA FITTE, fille de N... de la Fitte, Lieutenant général des Armées du Roi, Gouverneur de la ville et château de Guise. De ce mariage sont nés :

1º César François, qui suit.
2º N... (dit *le Chevalier* DE FLAVIGNY), Capitaine aux Grenadiers de France, puis Lieutenant-Colonel des Grenadiers de France, lequel épousa mademoiselle Angélique DE FLAVIGNY, sa cousine, dont il n'eut pas d'enfants.

XV. — César-François DE FLAVIGNY, IIᵉ du nom, Chevalier, Vicomte de Renansart et de Cerfontaine, qui épousa Marie-Agathe DE TRUFFIER, de laquelle il eut :

XVI. — Louis-Agathon DE FLAVIGNY, Chevalier, Comte de Flavigny.

BRANCHE DES BARONS D'AUBILLY.

XIII. — Jean Charles DE FLAVIGNY, Chevalier, Baron d'Aubilly (1), second fils de Claude et de dame Anne LE PICART DE SÉRIGNY, épousa en 1666 Christine-Marie DE BÉRULLE, fille de Charles de Bérulle, Vicomte de, Guignancourt et de dame Christine DE VASSAN. Devenue veuve, elle obtint, le 13 novembre 1668, un jugement de maintenue de noblesse de M. Le Febvre de Caumartin, Commissaire départi par le Roi, Intendant de la Généralité du Soissonnais, en faveur de son fils, qui suit :

XIV. — César-Charles-François DE FLAVIGNY, Baron d'Aubilly.

BRANCHE DE MONAMPTEUIL.

XII. — Antoine DE FLAVIGNY, Chevalier, second fils de Messire Jean de Flavigny, Seigneur Vicomte de Renansart et de Ribauville, et de dame Antoinette D'AMERVAL, fut Seigneur de Monampteuil (2) et Capitaine au régiment d'Hostel. Il épousa, le 26 avril 1615, noble demoiselle Jacqueline DE LA CHAPELLE DE SEVELAN, dont il eut :

  1° Claude, qui suit.
  2° Antoinette, mariée à Louis DE MARLE, Chevalier, Seigneur de Coucy.

XIII. — Claude DE FLAVIGNY, Chevalier, Seigneur et Vicomte de Monampteuil, épousa, le 19 décembre 1678, Anne DE MAUPRILLE, dont il eut deux enfants :

---

(1) *Preuves manuscrites de l'Ordre de Malte.*
(1) Fief sis à 8 kilomètres de Laon.

1° Charles-Louis, qui continue la descendance.

2° Séraphine-Anne DE FLAVIGNY, reçue à la Maison Royale de Saint-Cyr, le 11 mars 1700.

XIV. — Charles-Louis DE FLAVIGNY, Chevalier, Vicomte de Monampteuil, Lieutenant de grenadiers au régiment Royal-Infanterie, qui épousa, le 13 mars 1730, demoiselle Marie-Suzanne DE BEUVRY, fille de Robert de Beuvry, Seigneur de Veuilly, et de dame Claire DU CLOZEL. De ce mariage est issu :

XV. — Louis-Agathon-Rémy DE FLAVIGNY, Chevalier, Vicomte de Monampteuil, Brigadier des Gardes-du-Corps du Roi, en 1781. Il avait épousé, le 9 octobre 1775, demoiselle Angélique-Rudégonde DE CHAMPAGNE-MORINIS, de laquelle il a eu :

XVI. — Louis-Ange DE FLAVIGNY, Chevalier, Vicomte de Monampteuil, né le 18 juin 1781, reçu Chevalier de l'Ordre de Malte de minorité le 4 mai 1782 (1).

BRANCHE DE CHIGNY.

IV. — Jacquemart DE FLAVIGNY, Chevalier, Seigneur de Chigny, second fils de Messire Hugues et de Magdeleine DE PROUVY, cités plus haut, page 3, « estait notoirement tenu et réputé au pays de noble personne, « et comme tel avec les aultres nobles de ce royaume, fut cottisé au « Doienné de Guise, pour la rançon d'icelluy, à la somme de mil livres « tournois (2), somme notable pour le temps et qui faict croire qu'il « possédait lors de grands biens, facultez et moyens, etc. »

Il fut enterré en l'église paroissiale de la ville de Guise, en la chapelle de Saint-Jacques, qu'il avait fait bâtir, et dans laquelle il avait fait construire et élever un tombeau de marbre, élevé à trois pieds de terre, où il est en

---

(1) *Preuves manuscrites de l'Ordre de Malte.*

(2) On a relaté ici, en conservant l'orthographe du temps, une partie du texte des Lettres patentes recognitives de noblesse, accordées par le roi Henri III en 1586.

Cette rançon, à laquelle, pour sa part, Jacquemart DE FLAVIGNY fut cotisé, servit à délivrer le roi Jean II de France, fait prisonnier à la célèbre bataille de Poitiers en 1356.

portrait avec sa femme ayant à ses pieds un lévrier, et sadite femme un petit chien entre ses bras, et priant à genoux armé de toutes pièces, sauf l'armet et ses gantelets qui étaient à côté de lui avec ses armoiries en forme : *d'un Échiquier d'azur, bordé de sable, en champ d'argent, et un Écusson de gueules posé en abîme.*

Le nom de sa femme ne nous est pas parvenu, ce tombeau ayant été détruit; mais on sait qu'il eut pour fils aîné :

V. — Messire Émery DE FLAVIGNY, Chevalier, Seigneur de Chigny (1), lequel eut deux fils :

> 1° Jean, qui continue la descendance.
> 2° Nicaise DE FLAVIGNY, auteur d'une branche rapportée plus loin.

VI. — Jean DE FLAVIGNY, Chevalier, Seigneur de Chigny, eut pour fils :

VII. — Nicaise DE FLAVIGNY, II° du nom, Chevalier, Seigneur de Chigny, dont naquit :

VIII. — Nicolas DE FLAVIGNY, Chevalier, Seigneur de Chigny, lequel a épousé noble demoiselle Jacqueline-Anne DE LA RIVIÈRE, dont :

IX. — Nicolas DE FLAVIGNY, II° du nom, Chevalier, Seigneur de Chigny, Joncourt, Cury et autres lieux, qui eut trois fils :

> 1° Nicolas DE FLAVIGNY, Official de l'Évêché de Laon, fut enterré dans la cathédrale de cette ville, sur la gauche du jubé; sa tombe était en fonte et les armes de sa maison y étaient gravées, ainsi que l'année de sa mort.
> 2° Pierre, qui suit.
> 3° Mathieu DE FLAVIGNY, Chevalier, Seigneur de Joncourt, qui eut un fils
> A Claude, mort sans postérité.

X. — Pierre DE FLAVIGNY, Chevalier, Seigneur de Chigny et d'Escury ou Cury, eut pour fils :

XI. — Antoine DE FLAVIGNY, Chevalier, Seigneur de Chigny, Chevesne, Ailleval et d'Escury (2), lequel eut quatre enfants, savoir :

> 1° Ézéchias, dont l'article suit.
> 2° Judith DE FLAVIGNY, qui épousa le Sieur DE RONTY, dont elle eut trois enfants.

---

(1) Fief situé en Champagne, près de Reims.
(2) Ce fief lui fut donné par Nicolas DE THUMERY, Seigneur dudit lieu, à condition de porter au milieu de son écusson ses armes qui étaient : *trois Pucelles renversées.*

3° Sarah DE FLAVIGNY, qui épousa le Sieur D'ERVILLY, dont plusieurs enfants.

4° Rachel DE FLAVIGNY, laquelle épousa en premières noces Jean-Baptiste DE LA BOVE, Seigneur d'Autremancourt, et en deuxièmes noces, le sieur de Maubeuge, dont elle eut quatre enfants.

XII. — Ézéchias DE FLAVIGNY, Chevalier, Seigneur de Chigny, Ailleval et autres lieux, a épousé noble demoiselle Jacqueline D'HALLENCOURT, qui l'a rendu père de :

XIII. — Jean DE FLAVIGNY, Chevalier, Seigneur de Chigny, Ailleval, etc.

Le comte de Flavigny, Chevalier, Seigneur de Charme, Lieutenant aux Gardes-Françaises, issu de cette branche, vivait en 1787.

BRANCHE d'ESPUISART.

VI. — Nicaise DE FLAVIGNY, Chevalier, Seigneur en partie de Chigny (second fils de Messire Émery de Flavigny, rapporté plus haut), vivait en 1403, et a épousé noble demoiselle Anne-Magdeleine DE BUDÉ, dont il eut, entre autres enfants :

VII. — Jean DE FLAVIGNY, Chevalier, Seigneur de Menbrecourt, marié à Marie-Anne DE CARDEVACQUE, qui l'a rendu père de :

VIII. — Nicaise DE FLAVIGNY, III° du nom, Chevalier, Seigneur de Menbrecourt, dont est issu :

IX. — Guillaume DE FLAVIGNY, Chevalier, Seigneur de Puisart ou d'Espuisart, fief situé aux environs de Laon, lequel vivait encore en l'année 1500, ainsi qu'il appert d'un acte de partage de ladite année. Cet acte nous apprend qu'il eut pour fils :

X. — Julien DE FLAVIGNY, Chevalier, Seigneur d'Espuisart, né vers 1485, qui fut père de :

XI. — Guillaume DE FLAVIGNY, II° du nom, Écuyer, Seigneur d'Espuisart, Enquesteur pour le Roi au bailliage du Vermandois, siège de Laon, et depuis Conseiller au siége présidial de cette ville, lequel fut confirmé dans sa noblesse et annobli en tant que besoin, par lettres patentes du Roy Henri III, du mois d'août 1586, dûment enregistrées, et dans lesquelles il est exposé que :

« La lignée et famille des FLAVIGNY, de laquelle il était issu, était « *noble d'antiquité*, tenant son nom d'un village dans le duché de « Guise, nommé *Flavigny*, dont ses ancêtres étaient Seigneurs, etc., etc. » (D'HOZIER, *Armorial général, registre VI.*)

Il a épousé, vers 1541, damoiselle Marine DE BLOIS, sœur d'Antoinette de Blois, femme de Henry de Riencourt. Ladite demoiselle de Blois mourut avant le 28 mai 1580, et eut plusieurs enfants, entre autres :

1° Nicolas DE FLAVIGNY, lequel était déjà majeur le 5 janvier 1566.

2° Claude DE FLAVIGNY, Écuyer, Seigneur de Gaucourt, Conseiller, Avocat du roi au Bailliage du Vermandois et siége présidial de Laon, avant le 24 mai 1580. Il a épousé demoiselle Claude D'Y, fille de Robert, Seigneur de Gaucourt, Prévôt royal de Saint-Quentin, et de dame Magdeleine HASQUIN, dont :

    A. Charles DE FLAVIGNY, Écuyer, Seigneur de Gaucourt, Gendarme de la Compagnie du Roi, ainsi qualifié dans un acte du 25 janvier 1638, lequel eut pour fils :

        AA. Va'érien DE FLAVIGNY, né avant 1580, Seigneur de Saint-Audebert, de Gaucourt, Docteur en théologie en Sorbonne, le 25 mai 1618, Conseiller, Professeur de langue hébraïque au Collége royal en 1640, et Doyen des professeurs du Roi au Collége de France (1), mort à Paris en 1674.

3° Balthazar DE FLAVIGNY, auteur de la branche de *Chambry*, rapportée ci-dessous.

4° Marguerite DE FLAVIGNY, encore mineure lors du partage du 5 janvier 1566.

5° Antoinette DE FLAVIGNY, laquelle était mariée à ladite époque à Jean AUBELIN, Bailli du Duché de Guise.

BRANCHE DE CHAMBRY ET DE MALAISE.

Cette branche s'est divisée en trois Rameaux, qui tous ont encore des descendants aujourd'hui. Elle eut pour premier auteur :

XII. — Balthazar DE FLAVIGNY, troisième fils de Guillaume et de dame Marine DE BLOIS, était encore mineur lors de l'acte de partage du 5 janvier 1566, et fut Seigneur de Malaise et de Chambry. Il se signala par sa

---

(1) Il est ainsi qualifié dans le contrat de mariage de Christophe DE FLAVIGNY, son cousin, auquel il assista le 13 juin 1662.

valeur sous le règne de Henri IV, pour le service duquel il était Commandant dans la ville de Nesle, dont il soutint le siége, et qu'il n'abandonna que par une capitulation fort honorable faite le 5 mars 1591, et par laquelle le Duc de Mayenne, Lieutenant général de la Couronne de France, lui accorda de sortir de ladite Ville, lui et tous les Gentilshommes, Capitaine, Soldats et Gens de guerre, avec leurs armes, chevaux et bagages, la mèche allumée et le tambour battant, pour être conduits en tel lieu de sûreté qu'ils voudraient choisir; il fut depuis Lieutenant de la Compagnie de Cent hommes d'Armes des Ordonnances du Roy sous la charge du Seigneur de Haraucourt, en laquelle qualité il donna de nouvelles preuves de bravoure, et fut tué au siége de Rouen en 1592. Il avait épousé, par contrat du 28 mai 1580, demoiselle Marguerite Coignet, fille de noble homme François Coignet, Seigneur de Pontchartain, Conseiller, Notaire et Secrétaire du Roy, Maison Couronne de France et de ses finances, et de Noble Demoiselle Catherine Rapouel, Dame de Pontchartain, des Clayes et de Saint-Aubin les Montfort-l'Amaury. Elle mourut avant le 25 janvier 1638, et de son mariage avec ledit Seigneur de Chambry elle eut pour enfants :

1° Jacques DE FLAVIGNY, qui va suivre.
2° Pierre DE FLAVIGNY, Écuyer.
3° Valentin DE FLAVIGNY, qui a formé le second rameau de cette branche.

XIII. — Jacques DE FLAVIGNY, Ecuyer, Seigneur de Malaise et de Chambry, terres que sa mère lui donna par acte du 14 mars 1626, avait obtenu du roi Henri IV, le 21 décembre 1607, des Lettres patentes dûment enregistrées, et par lesquelles ce Prince voulut que, nonobstant l'Édit de révocation des Annoblissements depuis vingt ans, en date de l'an 1598, ledit Jacques, ses frères et ses descendants, fussent maintenus en leur noblesse, n'ayant pas entendu que Guillaume DE FLAVIGNY, leur aïeul, fût compris dans ledit Édit de révocation de l'an 1598.

Voici dans son entier le texte de ces lettres extrait du dossier de la famille déposé à la Bibliothèque impériale. (*Cabinet des Titres. Section des Manuscrits.*)

Lettres patentes données par le Roi à Paris, le 21 décembre mil six cent sept, par lesquelles sur ce, que Jacques de Flavigny, Écuyer, fils de défunt Balthazar de Flavigny, Écuyer, Seigneur de Chambry, Commandant pour Sa Majesté en la ville de Nesles, et de demoiselle Marguerite Coignet, son épouse, lui avait remontré que le feu Roi, par ses lettres patentes du mois d'août 1586, duement vérifiées, avaient reconnu et confirmé la noblesse de défunt Guillaume de Flavigny, ayeul d'icelui Jacques, et en tant que besoin serait, l'avait de rechef décoré du titre et qualité de Noble, mais qu'il craignait que sous prétexte de l'édit de 1598, portant révocation des annoblissements accordés depuis vingt ans, on ne voulût le comprendre aux Rôles des tailles; Sa Majesté mande à la cour des Aydes de Paris, que s'il lui apparaissait de la vérité de l'exposé, elle eût à le maintenir, garder et conserver, ensemble, ses frères, parents, postérité et lignée née et à naître en loyal mariage, en la dite qualité et titre de noblesse, nonobstant ledit Edit de révocation auquel elle n'entendait l'aïeul dudit Jacques être compris; ainsi pour les services de son dit père et ceux d'icelui Jacques, lui avait déjà rendus, l'en exceptait. Ces lettres signées : HENRY.

Plus bas, par le Roy : de Loménie, *et scellées, furent enregistrées en ladite Cour des Aydes, le* 24 *d'avril* 1608.

Jacques DE FLAVIGNY fut marié deux fois; la première avec noble demoiselle Marie BÉGHON, de la ville de Péronne, et la seconde avec demoiselle Antoinette DE HANNON, le 22 septembre 1629. Il eut pour fils :

1° Claude DE FLAVIGNY, Écuyer, Enseigne au régiment de Normandie, tué en 1637.
2° Valentin, qui continue la descendance.

XIV. — Valentin DE FLAVIGNY, Écuyer, Seigneur de Chambry, Malaise, La Mouilly et autres lieux, né vers 1624, Capitaine de cavalerie dans le régiment de Manicamp, fut tué au siège d'Étampes, en 1652. Il avait épousé noble demoiselle Marie DE LÉZINES, fille de Charles de Lézines, Seigneur de Chossemain et de Villeblain, près de Soissons, et eut de son mariage :

1° Claude, qui suit.
2° Louis DE FLAVIGNY, Écuyer, tué en Hongrie, en 1667, à la bataille de Saint-Godard.
3° Charles DE FLAVIGNY, Page du Comte d'Albon.
4° Marguerite DE FLAVIGNY, mariée avec François Urbain DE GORGIAS, Seigneur d'Espourdon, près la Fère.

XV. — Claude DE FLAVIGNY, Chevalier, Seigneur de Chambry et de Malaise, né le 16 janvier 1646, Capitaine de cavalerie dans le régiment de Bridieu, fut maintenu dans sa noblesse, avec son cousin César-François DE FLAVIGNY, de la branche aînée, par jugement de M. Dorieu, Intendant de Soissons, en date du 29 novembre 1668. Il a épousé : 1° le 4 avril 1673, demoiselle Anne-Catherine DE FAY-D'ATHIES, fille d'André et de dame Claude D'Ambly, et sœur de Claude de Fay-d'Athies, Marquis de Silly, Lieutenant-Général des Armées du Roi; 2° demoiselle Louise

DE HANNON, fille de Florent, Écuyer, Seigneur de la Mivoie, Lieutenant-Colonel du régiment de Praslin, et de dame Marguerite DE BÉZANNES. Du premier lit il eut le fils qui suit :

XVI. — André DE FLAVIGNY, Chevalier, Seigneur de Chambry, Malaise, La Mouïlly et Moireux, né en 1675, Capitaine-Major, puis Lieutenant-Colonel du régiment de cavalerie de Saint-Pouange, Chevalier de Saint-Louis, épousa en décembre 1713 demoiselle Antoinette DE VILLEBOIS DE MAREUIL, d'où est issu :

XVII. — Claude André DE FLAVIGNY, Chevalier, Seigneur de Chambry et autres lieux, Lieutenant-Colonel du régiment de Vicence (cavalerie), Chevalier de Saint-Louis, qui a épousé mademoiselle Antoinette D'HÉDOUVILLE, dont il eut cinq filles et le fils qui suit :

XVIII. — Christophe-Théodore Comte DE FLAVIGNY, Chevalier, Seigneur de Chambry, Révillon, etc., lequel a épousé, en 1763, mademoiselle N... DE SAINT-GERMIER.

Il eut trois fils, dont un était page de S. A. R. le Comte d'Artois en 1785.

SECOND RAMEAU

DE LA BRANCHE DE CHAMBRY

XIII. — Valentin DE FLAVIGNY, Écuyer, Seigneur en partie de Filain, proche de Laon (troisième fils de Balthazar DE FLAVIGNY et de dame Marguerite DE COIGNET), obtint du Roi Louis XIII, le 5 mai 1620, des Lettres patentes récognitives de noblesse. Il est dit dans ces lettres de maintenue de noblesse, que cette grâce lui était accordée en considération des services de son père et de ceux qu'il avait rendus à Sa Majesté. Il a épousé, par contrat du 24 juillet 1625, demoiselle Madeleine ROBERT D'ULLY, fille de Benjamin Robert d'Ully, Écuyer, Seigneur-Vicomte de Laval et de Nouvion-le-Vigneulx, et de dame Madeleine DE HARMANT. De ce mariage sont nés cinq enfants :

1° Christophe, qui suit.

2° Gabriel DE FLAVIGNY, Écuyer.

3° Valérien DE FLAVIGNY, Écuyer, Sieur de Malaise, Lieutenant dans le régiment de Clérambaut, puis Major de la ville de Rocroy.

4° Jacqueline DE FLAVIGNY, mariée à Philippe DE GANNE, Sieur du Chesnet.

5° Madeleine DE FLAVIGNY, religieuse.

XIV.—Christophe DE FLAVIGNY, Écuyer, Seigneur en partie de Chambry, de Malaise, Chacrise, fief qu'il acquit, par acte du 28 juin 1681, des héritiers d'Yves Regnault, a été baptisé le 20 juin 1632. Il obtint, le 28 février 1662, une Commission de Capitaine d'une compagnie au régiment d'infanterie du Maréchal de Clérambaut; fut fait Aide-Major de la ville de Dunkerque en 1667, Commandant du fort royal de cette ville le 20 septembre 1672, Capitaine d'une compagnie franche de fusiliers en 1674 et enfin Major de la citadelle en 1680. Il fit enregistrer ses armoiries à l'*Armorial général* en 1696 (1), et mourut à Soissons le 27 février 1716. De son mariage avec noble demoiselle Catherine GUYON DU FRESNE, passé le 13 juin 1662, il eut quatre enfants.

1° Michel Joseph, qui forme le degré suivant.

2° François DE FLAVIGNY, auteur du troisième rameau de cette branche, rapporté plus loin.

3° Catherine DE FLAVIGNY.

4° Marie-Madeleine DE FLAVIGNY, née le 20 mars 1678.

XV. — Michel-Joseph DE FLAVIGNY, Écuyer, né à Gravelines, le 16 avril 1667, fut successivement Enseigne en la compagnie Colonelle du régiment de Foix (infanterie), puis Lieutenant et Capitaine en 1692. Il a épousé à Soissons, le 8 mars 1701, demoiselle Marie-Elisabeth ROUSSEAU, fille de Jacques, Écuyer, Conseiller du Roi, Trésorier de France et Général des finances en la Généralité de Soissons, Maire de ladite ville, et de dame Marie Regnault. De ce mariage il eut pour enfants :

1° Christophe-Joseph DE FLAVIGNY, né le 2 mars 1702, Garde du Corps du roi et Chevalier de l'Ordre Royal et Militaire de Saint-Louis, mort sans postérité en 1767.

2° Louis-Joseph, qui suit.

XVI. — Louis-Joseph DE FLAVIGNY, né à Soissons le 23 juillet 1703, servit d'abord en qualité de Lieutenant dans le régiment de Saint-Pouange, puis a été Lieutenant de la compagnie Mestre de Camp, du régiment

---

(1) Copie originale et notariée aux archives de la famille.

d'Aumont, et mourut à Glandorphe, en Westphalie, le 12 mars 1742. Il avait épousé, par contrat du 8 janvier 1735, demoiselle Marguerite-Françoise DE VILLELONGUE, fille de Messire Jean-Baptiste de Villelongue, et petite-fille de Jean, Chevalier des Ordres du Roi, Gouverneur de Villefranche. De ce mariage sont issus deux enfants :

    1° Marie-Simonne DE FLAVIGNY, née le 30 mai 1739.
    2° Jean-Baptiste-Louis-Gratien, qui suit.

XVII. — Jean-Baptiste-Louis-Gratien DE FLAVIGNY, Chevalier, né le 11 octobre 1741, fit ses preuves de noblesse au mois de janvier 1754, pour sa réception au nombre des Gentilshommes que le Roi faisait élever à l'École royale militaire. — Il fit plusieurs campagnes en Allemagne et était, en 1766, Aide-Major au régiment de Bourges.

TROISIÈME RAMEAU

DE LA BRANCHE DE CHAMBRY

XV. — François DE FLAVIGNY, Écuyer (second fils de Christophe et de dame Catherine Guyon de Fresne), était Capitaine d'une Compagnie franche de la marine aux Iles-du-Vent, lors de son mariage, célébré le 30 décembre 1704, en la paroisse de Saint-Jacques de la Grenade, avec demoiselle Louise-Victoire THALAS, fille de Théodore Thalas, Juge royal civil et criminel de ladite île, et de dame Marguerite FERRAY ; il obtint du Roi, le 4 juillet 1710, une permission de se retirer du service, Sa Majesté étant satisfaite des services qu'il lui avait rendus. De son mariage il eut le fils qui suit :

XVI. — François DE FLAVIGNY, Écuyer, Capitaine en pied de la compagnie de Cavalerie-Milice du quartier du Grand-Marquis de l'île de Grenade, né en cette île le 7 octobre 1706, a épousé, le 29 mai 1732, demoiselle Marie-Anne GACHERIE. Il obtint, le 10 décembre 1743, un certificat du Marquis de Caylus, Gouverneur et Lieutenant-Général pour le roi aux Iles-du-Vent, contenant les témoignages les plus flatteurs sur la conduite qu'il avait tenue dans toutes les occasions où il s'était toujours comporté en digne officier. Il mourut à la Martinique, le 12 avril 1765, ayant eu de son mariage :

1° Julien-Gabriel, qui suit.

2° Guillaume-François DE FLAVIGNY, né le 17 février 1741 (dit *le Chevalier* de Flavigny) qui, après avoir quitté le service, épousa mademoiselle Aimée DUPLEIX DE MONTAIGU.

3° Marie-Anne-Luce-Désirée DE FLAVIGNY, mariée à la Martinique avec Jean DE LUSSY, Chevalier.

XVII. — Julien-Gabriel, Comte DE FLAVIGNY, né à la Martinique, le 23 octobre 1738, Mousquetaire Noir en 1765.

BRANCHE DE NORMANDIE

CETTE branche, établie depuis plus de trois siècles dans le Duché d'Elbeuf, eut pour premier auteur, ainsi que nous l'avons dit plus haut (page 4), noble Charles FLAVIGNY, sieur des Fourneaux (fief sis à côté d'Elbeuf), venu à la suite de René III de Lorraine, Marquis d'Elbeuf, lequel était seigneur du Comté de Guise, et par conséquent Suzerain des sieurs de Flavigny, dans le Soissonnais (1).

X. — Charles de FLAVIGNY, sieur des Fourneaux, né vers 1520, fils d'Élion de Flavigny, seigneur de Ribauville, et de dame Jacqueline du Puy, figure dans une sentence du Bailliage Vicomtal d'Elbeuf, rendue le 10ᵉ jour de juing 1552, les Plaids tenants, d'entre lui et noble Richard DE CALLAIX, Escuier (2) Il a épousé noble demoiselle Marie MALLET, et eut pour enfants :

1ᵉ Noble homme Robert FLAVIGNY, Escuier, Sieur de la Villette-sur-Elbeuf, lequel a épousé Gillette MARBEUF, de la paroisse de Sahurs, le 18 may 1580, fille d'Antoine Marbeuf, Escuyer, Sieur d'Imare, et de dame Charlotte D'OSMONT.

2° Nicolas, qui suit.

3° Jehan DE FLAVIGNY, dont l'article viendra.

4° Marie DE FLAVIGNY, mariée à François L'ABBÉ, dénommée dans un acte de partage de l'année 1620, concernant son neveu Simon.

XI. — Nicolas DE FLAVIGNY figure pour la première fois dans un acte de l'état civil de la paroisse Saint-Jean d'Elbeuf en 1597. Le nom de sa

---

(1) Les puînés de la maison de Lorraine avaient pour apanage le Comté de Guise (dans le Soissonnais, sur la rivière d'Oise), Comté érigé en Duché par François Iᵉʳ, en 1528.

René de Lorraine, Marquis d'Elbeuf, vint se fixer dans cette ville après son mariage avec Louise DE RIEUX. Son fils, Charles Iᵉʳ de Lorraine, duc d'Elbeuf, qui était né en 1556, vint à son retour des Pays-Bas, en 1580, se confiner à Elbeuf et y habita plusieurs années, ainsi que cela est établi par les réformes qu'il tenta à l'égard des chanoines du fameux Prieuré de la Saussaye (sis dans le tabellionage du Bec-Thomas, et lieu d'inhumation des Ducs d'Elbeuf). Dans les archives de ce Prieuré conservées tant à Rouen qu'à Evreux, le nom de plusieurs FLAVIGNY y est souvent relaté. Charles de Lorraine mourut à Moulins en 1605 et fut rapporté, par les soins de sa veuve Marguerite DE CHABOT, à la Saussaye, où il fut inhumé.

(2) Une copie certifiée, émanant des archives de l'ancien Duché d'Elbeuf, conservées à la Cour impériale de Rouen, relate ce fait et est entre les mains du chef actuel de la famille.

femme ne nous est pas parvenu, mais on sait qu'il eut deux fils, nés avant 1580, et leur descendance a formé deux branches et deux rameaux.

1° Nicolas, auteur de la branche du Plessis et de la Mésangère, rapportée plus loin et seule subsistant actuellement.

2° Simon, auteur d'une branche rapportée p g· 19.

XI *bi*. — Jehan DE FLAVIGNY, Escuier, troisième fils de Charles, né vers 1550, figure dans un acte de tabellionage du Bec-Thomas, en date du 27 juin 1601. Le nom de sa femme nous est inconnu, mais on sait qu'il eut trois enfants :

1° Alexandre, qui suit.

2° Catherine et Charlotte, jumelles, nées le 7 avril 1580.

XII. — Alexandre DE FLAVIGNY, né en 1576, eut de son mariage les quatre enfants ci-après :

1° Louis, qui suit.

2° Louise, née le 29 août 1610, mariée à Thomas DE SAINT-GILLES, Ordonnancier du Parlement.

3° Jean FLAVIGNY, né le 11 mars 1623, marié à Marie DUPONT, dont :

    A. Jean DE FLAVIGNY, qui a épousé par contrat du 22 juin 1676, sa cousine Marie FLAVIGNY.

4° Jacques DE FLAVIGNY, né le 26 octobre 1628, marié à demoiselle Marie LESPEUDRY; il est mort le 23 avril 1673, laissant :

    A. François FLAVIGNY, né le 28 août 1668, qui eut pour fils :

        AA. Jacques FLAVIGNY, marié le 5 avril 1723 à Honorée GOSSET.

        Cette alliance donna son nom à la branche de FLAVIGNY-GOSSET, éteinte depuis peu d'années.

    B. Marie FLAVIGNY, né en 1670.

XIII. — Louis DE FLAVIGNY, né le 8 novembre 1607, a épousé demoiselle Anne REGNAULT, dont il eut trois enfants :

1° Louis, qui continue la descendance.

2° Pierre DE FLAVIGNY, né le 8 août 1639, marié à demoiselle Marie GODEFROY, dont il eut, entre autres enfants :

    A. Alexandre DE FLAVIGNY, né le 20 mai 1667, Procureur fiscal du Duché d'Elbeuf.

    B. Barbe DE FLAVIGNY, né le 18 septembre 1672, mariée à Pierre D'ORMESNIL.

3° Catherine DE FLAVIGNY, née le 7 février 1636, qui a épousé, par contrat du 26 janvier 1669, Louis DE LA RUE.

XIV. — Louis FLAVIGNY, III° du nom, né le 17 avril 1638, a épousé demoiselle Jeanne NIEL, et est mort le 23 janvier 1703, laissant les six enfants qui suivent :

1º Jean DE FLAVIGNY, né le 11 février 1669, mort jeune.

2º J. an DE FLAVIGNY, né le 4 février 1672, Trésorier de l'église de Saint-Jean d'Elbeuf en 1705. (*Titre original aux archives de la famille.*) Il a épousé demoiselle Marthe ROUSSEL, et eut pour fils :

> A. Jean-François-Étienne DE FLAVIGNY, marié le 5 octobre 1726 à Angélique DE POSTIS, fille d'Émeric DE POSTIS, Écuyer, Sieur du Houlbec.

3º Alexandre DE FLAVIGNY, né le 28 août 1674, Conseiller-Secrétaire du Roi, son premier et ancien Avocat aux bailliage et Vicomté de Pont-de-l'Arche, et Procureur fiscal du Duché d'Elbeuf en 1703. (*Acte original.*)

4º Jeanne DE FLAVIGNY, mariée à Pierre DE LA CROIX.

5º Marie-Thérèse Angélique DE FLAVIGNY, née en 1712, mariée à Pierre HAYET, dont un fils :

> A Jean Louis Nicolas HAYET, lequel a épousé, par contrat du 23 août 1744, demoiselle Françoise-Geneviève GRANDIN. (*Acte original aux archives de la famille.*) A ce contrat ont signé comme parents et amis : Le Duc d'Elbeuf, les Sieurs de Berville, Rocquigny de Mattonville, Poterat de Saint-Sever, Martel de Saint-Cyr, d'Avesnes de Morvilliers, aumônier du Roi, Texier de Bois-Roger, Le Sueur de Nollent, etc., etc.
>
> Il eut pour fils : Pierre-Henri HAYET, Chevalier de la Légion d'honneur, membre du Conseil général, maire d'Elbeuf, qui porta dans la famille Join-Lambert la propriété de la Cerisaie, d'où, par une alliance entre les deux familles, elle est passée dans celle de FLAVIGNY, qui la possède aujourd'hui.

XII *bis*. — Simon DE FLAVIGNY, second fils de Nicolas Ier du nom, est l'auteur de cette branche, et nous apparaît pour la première fois dans un acte de donation fait par sa tante en 1620. Il fut administrateur de l'hospice d'Elbeuf, de 1622 à 1626. (*Archives de l'hospice.*) Par acte du 14 janvier 1648, il a donné à la paroisse de Saint-Jean d'Elbeuf une rente perpétuelle de 7 livres 2 sous 10 deniers. (Le titre original de cette fondation se trouve encore actuellement aux archives de ladite église.) Il a épousé demoiselle Madeleine BÉNARD, dont il eut quatre enfants :

1º Jean, qui forme le degré suivant.

2º Simon DE FLAVIGNY, né le 7 janvier 1611.

3º Pierre DE FLAVIGNY, né le 6 mars 1613, Curé de la paroisse de Chrétienville.

4º François DE FLAVIGNY, né le 16 janvier 1626, Chirurgien-Juré ayant servi deux ans en Allemagne. Il a épousé Catherine BOURDON, dont il eut deux filles et le fils qui suit :

> A. François DE FLAVIGNY, né le 25 février 1666, Chirurgien et Échevin de la Charité Par acte passé devant Robert BOURDON, Tabellion royal d'Elbeuf, le 13 janvier 1688, ledit François fait une revalidation de la rente perpétuelle fondée par son grand-père. Il eut pour fils :
>
> AA François DE FLAVIGNY, Procureur fiscal en 1720.

XIII. — Jean FLAVIGNY, né le 3 novembre 1608, a épousé demoiselle Jeanne CARRÉ, dont il eut, entre autres enfants :

XIV. — Jean FLAVIGNY II° du nom, né le 22 avril 1640, Échevin de la charité de Saint-Jean d'Elbeuf en 1677; il a épousé Marie NIEL, qui l'a rendu père de trois enfants, savoir :

    1° Jeanne DE FLAVIGNY, née le 17 juillet 1668.
    2° Catherine DE FLAVIGNY, née le 7 août 1669.
    3° Robert DE FLAVIGNY, né le 5 février 1673.

BRANCHE DE LA MESANGÈRE ET DU PLESSIS.

Cette branche, qui s'est divisée en deux rameaux, dont un seul subsiste aujourd'hui, a pour auteur :

XI. — Nicolas DE FLAVIGNY, né en 1545, fils de noble Charles Flavigny, Sieur des Fourneaux, et noble damoiselle Marie MALLET, rapportés plus haut. Il est dénommé dans un acte de baptême de l'année 1597, où son fils aîné figure comme parrain. (*Archives de la famille.*) D'une alliance dont le nom ne nous est pas connu, les registres de l'état civil ne remontant pas plus haut, il eut deux fils, l'aîné :

XII. — Nicolas DE FLAVIGNY, né vers 1570, nommé dans l'acte de baptême de Jacques Rouvin, fait à Elbeuf, paroisse de Saint-Jean, le 16° jour de janvier 1597. Il était Trésorier de la fabrique de ladite paroisse en 1615, et Échevin de la Charité en 1624. Il a épousé demoiselle Barbe BÉNARD et eût pour fils :

    1° Nicolas, qui suit.
    2° Robert DE FLAVIGNY, né le 27 janvier 1604, dont trois enfants, entre autres :
      A. Pierre DE FLAVIGNY, marié à demoiselle Élisabeth HAMON, dont :
        AA. Robert DE FLAVIGNY, né le 27 mai 1668, Capitaine au régiment de Normandie en 1714, ainsi qu'il appert de deux certificats signés de lui, conservés aux archives de la famille.
        BB. Marie-Magdeleine DE FLAVIGNY, née le 25 août 1671.
        CC. Élisabeth DE FLAVIGNY, née le 17 février 1672.

XIII. — Nicolas DE FLAVIGNY, III° du nom, né le 7 février 1601, était

Échevin de la Charité Saint-Jean-Baptiste d'Elbeuf en l'année 1655. Il se fit recevoir de la Corporation des Drapiers et acheta, le 10 août 1652, une portion de terrain au Duc d'Elbeuf (*Archives du tabellionage d'Elbeuf*), pour y jeter les premiers fondements de la manufacture actuelle (1). Par contrat passé le 16 août 1622, il avait épousé noble demoiselle Naudine POULLAIN, fille de Jean Poullain, Écuyer, sieur de la Noë, et eut pour fils :

XIV. — Nicolas FLAVIGNY, IV° du nom, dit le Jeune, né le 2 avril 1631, marié le 5 janvier 1651 à demoiselle Marie VIEL, fille de Robert Viel, Procureur fiscal, acheta une nouvelle portion de terre au Duc d'Elbeuf le 8 mai 1672, pour agrandir sa manufacture. Il eut trois fils, savoir :

    1' Nicolas, dont l'article suit.
    2° Jacques DE FLAVIGNY, né le 12 février 1657.
    3° Louis, auteur du second rameau, qui est rapporté plus loin.

XV. — Nicolas FLAVIGNY, né le 16 mars 1659, a été Receveur des tailles à la Haye-Malherbe depuis 1676. Il a épousé : 1° demoiselle Elisabeth BOURDON, 2° demoiselle Catherine HAYET. Du premier lit sont nés :

    1° Élisabeth DE FLAVIGNY.
    2° Jacques-Louis, qui forme le degré suivant :

Du deuxième lit :

    1° Jacques-Nicolas-Thomas DE FLAVIGNY, né le 22 février 1709, marié à Dona Josèpha COMÈS, dont il eut :
      A. Nicolas-Pierre-Laurent-Cyriaque DE FLAVIGNY, né à Elbeuf, et Receveur général des Droits réunis à Barjols, en Provence, ainsi que le prouve une procuration du 28 janvier 1775, qu'il donne à M° Jean-Louis Hayet, pour le représenter dans la succession du *Chevalier de Flavigny*, Chevalier de Saint-Louis, son oncle germain (2).
    2° Mathieu DE FLAVIGNY, né le 2 février 1740, Curé de l'église de Saint-Jean d'Elbeuf pendant quarante ans, mort le 17 juillet 1788.
    3° Louis DE FLAVIGNY DE LA CHESNÉE, né le 23 avril 1713, Lieutenant en deuxième au régiment de Piémont le 4 février 1735, Capitaine en 1746, Chevalier de Saint-Louis le 8 mai 1748, retraité aux appointements de 800 livres en 1765 (3), et mort à Elbeuf le 15 janvier 1775.

---

(1) A dater de cette époque, la particule figure dans le premier rameau de cette branche et disparaît complétement de tous les actes civils concernant le second rameau, seul existant aujourd'hui.

(2) Nous ignorons si ce personnage a laissé des descendants en Provence, où il s'est marié.

(3) États de services délivrés par le ministre de la guerre en 1868.

XVI. — Jacques Louis de Flavigny, né à la Haye-Malherbe, a été Bailli d'Elbeuf de 1734 à 1760, ainsi que le prouvent différents actes possédés par la famille. Il avait épousé, le 31 janvier 1725, demoiselle Marie-Anne Ansoult, dont il eut six enfants :

1º Marie-Anne-Charlotte-Marthe de Flavigny, née le 7 août 1726, mariée à Michel Grandin, Écuyer, Sieur de l'Éprevier, propriétaire à Marcouville. Elle tenait le fief de l'Éprevier de son grand-père maternel, Jean Ansoult, et le porta en mariage dans la famille Grandin, dont un des héritiers, M. Auguste Grandin de l'Éprevier, a épousé, en 1865, mademoiselle Le Roy, fille du Sénateur, préfet de la Seine-Inférieure.

2º Jacques-Louis-Nicolas de Flavigny, né le 2 février 1728.

3º Jacques-Étienne-Charles-Victor de Flavigny, Écuyer, Seigneur de la Mésangère, du Plessis, de la Nobletière, etc., Conseiller-Secrétaire du roi, Maison et Couronne de France de 1767 à 1788, année où il a reçu des lettres d'honneur, enregistrées en la grande chambre du Parlement de Rouen, le 16 février. Ces Lettres royales délivrées à Versailles disent : « Que le roi entend qu'il jouisse des mêmes honneurs, *privilèges de noble se et autres droits, franchises et immunités*, dont jouissent les autres Conseillers, pour en user ledit Sieur de Flavigny, sa veuve pendant sa viduité et ses enfants et postérité nés et à naître (1). » Jacques-Étienne-Charles-Victor de Flavigny a assisté à l'assemblée de la noblesse du Bailliage d'Évreux, tenue le 16 mars 1789, pour l'Élection des Députés aux États Généraux (2). Il est mort en 1810, après avoir fait une donation à l'hospice d'Elbeuf.

4º Angélique-Geneviève-Catherine de Flavigny, née le 22 avril 1736, mariée le 6 juin 1763, à Messire François de Pomponne de la Boulaye.

5º Louis-Constant de Flavigny, né le 30 juillet 1737.

6º Amable-Nicolas-Joseph de Flavigny, né le 4 janvier 1739.

SECOND RAMEAU.

XV *bis*. — Louis Flavigny, troisième fils de Nicolas, dit le Jeune, est né le 25 novembre 1661, et a épousé, le 31 mars 1683, demoiselle Geneviève Bourdon. Il se fit recevoir en 1684 membre de la corporation des Drapiers, et entra dans la manufacture établie par son père sur les terrains du Glayeul. Il est mort le 14 novembre 1725, laissant de son mariage les deux fils ci-après :

1º Louis Flavigny, fondateur de la Manufacture royale des Andelys, qui eut pour successeur :

---

(1) Un extrait desdites lettres, déposées au greffe de la Cour impériale de Rouen, est en la possession du chef de la famille.

(2) Extrait des Archives de l'Empire, aux mains du même.

A. Louis-Frédéric FLAVIGNY, Maire des Andelys, Membre du Conseil général du département de l'Eure, mort en 1841, lequel avait eu :

    AA. Louis-François-Nicolas-Alphonse FLAVIGNY, Maire des Andelys, mort le 6 août 1858.

2° Louis-Nicolas FLAVIGNY, qui eut trois enfants :

    A. Bernard FLAVIGNY.

    B. *L'abbé* FLAVIGNY, Chapelain de l'École militaire.

    C. Louis-Joseph FLAVIGNY, père de :

        CC. Jean-Baptiste-Louis-Joseph, ancien Commandant de la Garde nationale d'Elbeuf, mort célibataire en 1848.

3° Robert, qui suit.

XVI. — Robert FLAVIGNY, né le 18 septembre 1697, acheta, le 13 février 1732, une troisième portion de terrain au Duc d'Elbeuf. Il a épousé, en 1725, demoiselle Madeleine POULLAIN, dont il eut dix-huit enfants, entre autres :

1° Louis-Robert, qui continue la descendance.

2° Geneviève, née le 28 mai 1731, morte le 21 mai 1782, au couvent des Dames-du-Saint-Sacrement.

3° Louis-François-Alexandre FLAVIGNY DES ILES, né le 18 septembre 1738, Capitaine d'infanterie au régiment du Blaisois, Chevalier de l'Ordre Royal et Militaire de Saint-Louis, mort célibataire à Elbeuf, le 20 novembre 1823.

XVII. — Louis-Robert FLAVIGNY, né le 23 juin 1726, a épousé Marie-Anne-Françoise DROUET, sœur de Richer Drouet, Maréchal de camp, tué à la bataille de Jemmapes, et de dame N...... MOLLIEN, mère du Comte Mollien, ministre du Trésor en 1800. Il acheta de M. de Bourville, Président du Parlement de Normandie, la terre de Boscguerard-Marcouville, encore en possession de la famille. Il est mort le 20 octobre 1790, laissant de son mariage trois enfants, l'aîné :

XVIII. — Louis-Robert FLAVIGNY, II° du nom, né à Elbeuf le 3 juin 1750, a épousé, par contrat du 21 septembre 1773, demoiselle Thérèse-Julie GODET, fille de Jean Godet, Verdier des eaux et forêts de Monseigneur le Prince d'Elbeuf. De cette alliance naquirent trois enfants :

1° Henri-Louis-Robert, qui suit.

2° Louis-Joseph, mort à Paris sans postérité.

3° Marie-Louise-Joséphine, née le 20 janvier 1778, mariée à Constant GODET, propriétaire de la terre de Thuit-Simer.

XIX. — Henri-Louis-Robert FLAVIGNY, né le 21 avril 1776, Chevalier de la Légion d'honneur, membre du Conseil général de la Seine-Inférieure, Adjoint au maire d'Elbeuf, a épousé, le 9 fructidor, an V, mademoiselle Jeanne-Sophie SEVAISTRE. Il est mort en 1841, laissant deux fils :

1° Louis-Robert, dont l'article suit.
2° Charles-Mathieu-Robert, dont l'article viendra plus loin.

XX. — Louis Robert FLAVIGNY, III° du nom, né le 15 prairial an VI, a épousé, par contrat du 27 janvier 1823, mademoiselle Julie FLAVIGNY-GOSSET, et est mort en 1864. De sont mariage sont issus :

1° Jules-Louis-Robert. qui suit.
2° Sophie-Louise-Cécile, mariée à M. Édouard TURGIS, membre du Conseil général de la Seine-Inférieure et Maire d'Oissel.
3° Alfred-Henri-Constant-Robert FLAVIGNY, né le 13 mai 1831, marié à mademoiselle Victorine HELLOUIN, dont une fille. Il est mort en 1865.

XXI. — Jules-Louis-Robert FLAVIGNY, né le 23 avril 1824, chef actuel de la branche de Normandie, a épousé, par contrat du 7 février 1850, mademoiselle Sophie JOURDAINNE, dont il a :

1° Robert, 2° Georges, 3° Juliette FLAVIGNY.

XX bis. — Charles-Mathieu-Robert FLAVIGNY, né à Elbeuf, le 21 nivôse an X, Chevalier de la Légion d'honneur, Président de la Chambre de Commerce, a épousé, le 6 octobre 1828, mademoiselle Laurence-Eulalie JOIN-LAMBERT, et a eu de ce mariage les sept enfants qui suivent :

1° Marie, né le 12 septembre 1829, mariée à Jules Keittinger, morte à Rouen en 1851.
2° Charles-Louis-Robert FLAVIGNY, né le 7 décembre 1830, Juge au tribunal de commerce, marié le 20 novembre 1861, à mademoiselle Edmée-Laure BRIAND, dont il a deux filles :
   A. Marie-Séraphine-Jeanne, née le 10 octobre 1862.
   B. Edmée-Marie-Édith, née le 30 juin 1864.
3° Constant-Joseph-Robert, né le 20 juillet 1832, marié à Jenny LANSEIGNE, le 26 novembre 1861, dont il a une fille :
   A. Marie-Noémi-Joséphine-Alice, née le 28 mai 1867.
4° Laurence-Joséphine, née le 10 juillet 1834, mariée en 1855 à Paul DES ALLEURS, Maire d'Ettouteville-en-Caux, Conseiller d'arrondissement.
5° Ernest Henri Robert, né le 6 septembre 1836.
6° Paul-Henri-Robert, né le 21 août 1838, prêtre, propriétaire de l'établissement de Bois-Guillaume.
7° Louise-Marie-Noémi, née le 2 avril 1844, morte le 5 septembre 1866.

www.ingramcontent.com/pod-product-compliance
Lightning Source LLC
Chambersburg PA
CBHW072022290326
41934CB00011BA/2779